Walther Ziegler

Rawls
en 60 minutes

traduit par
Bruno Rousselet

Merci à Rudolf Aichner pour son infatigable travail de rédaction critique, à Silke Ruthenberg pour la finesse de son graphisme, à Angela Schumitz, Lydia Pointvogl, Eva Amberger, Christiane Hüttner, Dr. Martin Engler pour leur relecture attentive, et à Eleonore Presler, docteur en philosophie, qui a effectué une dernière relecture linguistique et scientifique du texte français. Je remercie aussi monsieur le Professeur Guntram Knapp à qui je dois ma passion pour la philosophie.

Je tiens à remercier tout particulièrement mon traducteur

Bruno Rousselet

Car tant que nous avons de bonnes raisons de croire qu'un ordre politique et social juste [...] est possible, nous pouvons espérer que nous ou d'autres que nous le réaliserons un jour quelque part [...].[1]

Informations bibliographiques de la Bibliothèque nationale de France :
Cette publication est référencée dans la bibliographie nationale de la Bibliothèque nationale de France.
Les informations bibliographiques détaillées sont disponibles sur internet : www.bnf.fr
© 2023 Dr. Walther Ziegler

Première édition janvier 2019
Conception graphique du contenu et de la couverture: Silke Ruthenberg avec des illustrations de:
Raphael Bräsecke, Creactive - Atelier de publicité, bande dessinée & d'illustrations (dessins)
© JackF - Fotolia.com (cadres)
© Valerie Potapova - Fotolia.com (cadres)
© Svetlana Gryankina - Fotolia.com (bulles entourant les citations)
Édition : BoD - Books on Demand, info@bod.fr
Impression : BoD - Books on Demand, In de Tarpen 42, Norderstedt (Allemagne)
Impression à la demande
ISBN : 978-2-3223-7755-8
Dépôt légal : mai 2023

Table des matières

La grande découverte de Rawls   7

La pensée centrale de Rawls   23

   Pourquoi nous posons la question de la justice :
Les trois faits essentiels de l'humanité   23

   La position originelle – Le degré zéro du
choix de la société idéale   29

   Le voile d'ignorance et la règle du maximin   37

   Les deux principes de justice : Le principe
d'égalité et le principe de différence   43

   Robinson Crusoé, Vendredi, Dagobert Duck
et John Rawls s'échouent sur une île   55

**À quoi nous sert la découverte de Rawls
aujourd'hui ?**   65

   Rehausser le niveau des moins favorisés –
La critique rawlsienne du capitalisme   65

   La répartition équitable des biens –
Réalisable en pratique ou pure théorie ?   75

   Le voile d'ignorance –
Un principe de décision transposable ?   82

   Le legs de Rawls :
L'éternelle exigence de justice   89

Index des citations   95

La grande découverte de Rawls

Professeur à Harvard, John Rawls (1921-2002) est sans doute le penseur le plus important des États-Unis. À l'âge de cinquante ans, il publie son ouvrage philosophique majeur, *Théorie de la justice*. Le simple titre constitue déjà, depuis sa parution en 1971 jusqu'à nos jours, une provocation. En effet, dans l'opinion dominante, une telle théorie ne saurait exister puisque la justice est toujours une question de point de vue personnel. Chacun, à partir de sa propre perspective, a une vision très différente de ce qui est juste ou injuste. Et voilà qu'un professeur de philosophie américain affirme avoir trouvé une définition de la justice qui soit intemporelle et valable pour tout le monde !

Le livre connaît alors une ascension fulgurante et, en l'espace de trois décennies, il acquiert une notoriété mondiale. Il compte aujourd'hui parmi les classiques de la philosophie et est considéré comme le plus important ouvrage d'éthique politique. *Théorie de la justice* est sans aucun doute une œuvre pionnière qui ne fascine pas seulement les scientifiques et les politiques ; elle est aussi inscrite, à juste titre, au programme d'étude de nombreuses écoles dans le monde.

Rawls y pose la grande question de la société juste : selon quels principes une démocratie moderne doit-elle être organisée ? De la réponse à cette question dépendent en effet beaucoup de choses – notamment l'appréciation de notre situation actuelle. Car nous ne pouvons en aucun cas, nous dit Rawls littéralement, nous satisfaire de moins que de la « société parfaitement juste » :

> La justice est la première vertu […]. [S]i efficaces […] que soient des institutions et des lois, elles doivent être réformées ou abolies si elles sont injustes.[2]

Dès les premières pages de son ouvrage majeur, Rawls formule l'objectif ambitieux et la dimension faramineuse de son projet :

La grande découverte de Rawls

[J]e partirai du principe que [...] une société parfaitement juste est la partie fondamentale de la théorie de la justice.³

Mais à quoi doit-elle ressembler, la « société parfaitement juste » ?

La question de la meilleure forme possible de vie commune connaît une longue tradition dans la philosophie. Dès l'Antiquité, Platon conçoit, dans son livre *La République*, un État idéal qui est gouverné de manière absolument juste par des rois-philosophes instruits. À la Renaissance, Thomas More nous dépeint, dans son roman *Utopia*, une communauté parfaitement harmonieuse de personnes vivant heureuses et sans propriété sur une île. Son néologisme « Utopia », qui vient du grec ancien « ou topos », ce qui signifie à peu près « en aucun lieu », est depuis lors entré dans le langage courant pour décrire des visions d'avenir. Et enfin Rousseau, à la veille de la Révolution française, nous présente, dans *Du contrat social*, une communauté idéale de citoyens absolument libres qui s'autogouvernent en assemblées du peuple.

Rawls n'est donc pas le premier à poser la question de la société idéale et juste. Pourtant, son apport s'avère en fin de compte bien plus important que celui de tous ses prédécesseurs. Dans sa théorie de la justice, il ne conçoit pas seulement une utopie, c'est-à-dire une représentation imaginaire de la société idéale ; il nous dote aussi, pour la première fois, d'une procédure permettant à tout un chacun de vérifier la juste répartition des biens et des perspectives de vie.

Car ce n'est pas tout d'esquisser une société idéale à force d'imagination ; encore faut-il, nous dit Rawls, pouvoir justifier pourquoi il s'agit bel et bien de la meilleure société possible. Rawls adopte une démarche tout à fait moderne : pour démontrer son concept de justice, il se réfère à l'approbation démocratique et au consentement de tous les citoyens – à l'inverse d'un Platon ou d'un More, par exemple. Selon son argumentation, les principes définis de la justice ne sont réellement justes que s'ils sont acceptés par toutes les parties prenantes d'une société.

Au fond, tous les individus qui s'associent dans une société devraient s'accorder préalablement, dans un contrat ou une charte, sur les principes selon lesquels ils veulent coexister à l'avenir — qu'ils privilégient par exemple une société inégale, avec des patriciens et des esclaves ou des capitalistes et des travailleurs, une société sans classe et sans propriété garantissant une égalité totale, ou encore une tout autre forme d'organisation :

> Les hommes doivent décider par avance selon quelles règles ils vont arbitrer leurs revendications mutuelles et quelle doit être la charte fondatrice de la société.[4]

Rawls est donc un partisan de ce que l'on appelle la « théorie du contrat », selon laquelle une société n'est légitime que si tous les membres conviennent eux-mêmes de leurs lois et de leurs principes de base dans une charte fondatrice ou un contrat, ou que du moins ils peuvent en théorie les approuver *a posteriori*. Dans le premier cas, on parle de « contrat historique » ; dans le second, de « contrat hypothétique ». Selon la théorie du contrat, les citoyens concluent donc un contrat dans lequel est régie la répartition équitable de tous les biens et perspectives de vie, et par lequel chacun se déclare d'accord de s'en tenir aux principes convenus :

> [...] de même un groupe de personnes doit décider, une fois pour toutes, ce qui, en son sein, doit être tenu pour juste et pour injuste.[5]

De tels contrats historiques, dans lesquels un groupe de personnes décide une fois pour toutes ce qui doit être tenu pour juste et pour injuste dans la société future, ont bel et bien existé dans l'Histoire. En 1620 par exemple, les *Pilgrim Fathers*, un groupe d'émigrants puritains originaires d'Angleterre, conclurent pareil contrat fondateur durant leur longue traversée pour l'Amérique à bord du Mayflower. Le célèbre « Contrat du Mayflower » régissait toutes les modalités de la coexistence religieuse et séculière des émigrants sur le territoire de leur future colonie comme citoyens libres et égaux dans une communauté autogouvernée.

En tant que partisan convaincu de la théorie du contrat, Rawls aurait certainement souhaité que les Américains d'aujourd'hui puissent à nouveau voter pour décider des principes de justice selon lesquels ils coexisteraient à l'avenir et pour lesquels ils voudraient s'engager par contrat. Pourtant, même si Rawls était fréquemment invité à dîner chez l'ancien président Bill Clinton et qu'il entretenait de bonnes relations avec l'homme le plus puissant de la planète, il savait bien sûr qu'un tel vote ne pourrait jamais être réalisé. Par ailleurs, il lui semblait illusoire de redemander ultérieurement aux citoyens états-uniens s'ils voulaient approuver et adopter volontairement la constitution américaine, le mode de production capitaliste et la répartition inégale des biens :

> Aucune société humaine ne peut, bien sûr, être un système de coopération dans lequel les hommes s'engagent, au sens strict, volontairement ; chaque personne se trouve placée dès la naissance dans une position particulière, et la nature de cette position affecte matériellement ses perspectives de vie.[6]

À la différence des *Pilgrim Fathers*, nous autres, individus modernes, naissons selon Rawls dans une société bien déterminée, et on ne nous demande pas si nous trouvons justes ou injustes la forme de gouvernement, le mode de fonctionnement économique ou encore la répartition des richesses. Et même s'il était possible par exemple de demander à tous les nouveau-nés des États-Unis à une date déterminée – disons le jour de leur dix-huitième anniversaire – s'ils veulent encore vivre dans l'ordre social adopté par les Pères fondateurs ou s'ils préféreraient en choisir un nouveau, il se pourrait fort bien que cela ne donne pas un bon résultat. En effet, selon Rawls, chaque individu pourrait être tenté d'opter pour l'ordre social dont il attend le plus gros bénéfice :

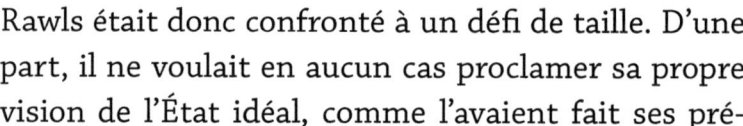

Par exemple, si un homme savait qu'il était riche, il pourrait trouver rationnel de proposer le principe suivant lequel les différents impôts nécessités par les mesures sociales doivent être tenus pour injustes ; s'il savait qu'il était pauvre, il proposerait très probablement le principe contraire.[7]

Rawls était donc confronté à un défi de taille. D'une part, il ne voulait en aucun cas proclamer sa propre vision de l'État idéal, comme l'avaient fait ses prédécesseurs Platon, More et Rousseau ; il voulait au contraire élaborer un principe de justice moderne basé sur le consensus et que tous les citoyens approuveraient effectivement. D'autre part, il lui semblait totalement impossible d'obtenir une telle approbation. Et même si c'était possible, il doutait que cela puisse mener à la création d'un ordre social juste étant donné que les citoyens ne se prononceraient pas de manière objective, mais uniquement selon leurs propres intérêts.

C'est alors que Rawls formule son idée lumineuse qui devait le rendre mondialement célèbre : l'idée du « voile d'ignorance ». Qu'en serait-il, se demande-t-il, si au moment de délibérer sur la répartition future des biens et des perspectives de vie, les citoyens ignoraient totalement la position sociale qu'ils occupent à cet instant précis ou occuperont dans la société ultérieure ? Si, préalablement à leur décision, ils n'avaient pas la moindre idée de ce qu'ils seront dans la nouvelle société à bâtir : riche ou pauvre, homme ou femme, entrepreneur ou travailleur, maître ou esclave, surdoué ou moins talentueux ? Ne décideraient-ils pas de manière bien plus juste à quoi devrait ressembler la société future ? Oui, se dit Rawls, il doit logiquement en être ainsi car, étendu à toutes les personnes concernées, un tel

> [...] voile d'ignorance [...] force chacun, dans la position originelle, à prendre en considération le bien des autres.[8]

L'idée d'une sorte de position originelle dans laquelle les humains, comme sous un voile, oublient complètement pour un temps leurs intérêts personnels et égoïstes et recherchent sans aucun apriori des principes justes pour leur société future séduit à ce point Rawls qu'il en fait la pierre angulaire de sa théorie de la justice. Bien sûr, il se rend bien compte qu'il n'est pas possible de simplement créer de toutes pièces une position originelle placée sous le voile d'ignorance. À chaque fois qu'un véritable choix se pose, les humains savent très bien qui ils sont et ce qu'ils veulent atteindre personnellement. Néanmoins, même si le voile d'ignorance n'est qu'une hypothèse, Rawls nous propose de nous livrer tout bonnement à cette expérience de pensée. Il nous invite à nous figurer un groupe d'humains dans une telle situation initiale :

> Comme tous ont une situation comparable et qu'aucun ne peut formuler des principes favorisant sa condition particulière, les principes de la justice sont le résultat d'un accord ou d'une négociation équitable (*fair*).[9]

C'est précisément ce qui constitue le point d'Archimède de sa théorie de la justice et le fondement logique de toute son argumentation. Si les humains étaient affranchis de leurs considérations utilitaires égoïstes et subjectives, ils concluraient des ententes absolument objectives et équitables pour une société future. Sous le voile d'ignorance, écrit Rawls, chacun s'efforce en effet de rechercher l'entente la plus juste possible, en particulier eu égard aux moins doués, aux moins rémunérés et aux moins opulents, car chacun devrait s'attendre à faire lui-même ensuite partie de ce groupe.

Si, dans la position originelle, on délibérait par exemple sur la composition de la société future – patriciens et serfs, seigneurs féodaux et fermiers juridiquement dépendants et liés à leur terre, ou société de citoyens libres et égaux en droits jouissant d'une assurance sociale – la grande majorité choisirait, selon Rawls, cette dernière option pour s'assurer de vivre une vie acceptable même dans le pire des cas. La crainte de devoir mener une existence d'esclave dépasserait donc la perspective éventuelle d'une vie privilégiée comme patricien ou comme seigneur féodal.

Ce comportement décisionnaire, qui consiste à partir du *worst case*, c'est-à-dire du pire scénario possible, et à choisir le modèle de répartition des biens dans lequel le moins favorisé retirera malgré tout le bénéfice maximal, Rawls l'appelle la règle du « maximin ». D'après celle-ci, nous privilégions toujours, par précaution, l'option dans laquelle même la position minimale permet d'obtenir comparativement la meilleure qualité de vie. Dans la position originelle, cette règle assure automatiquement que lors de la délibération sur les principes de justice futurs, le bien-être des moins favorisés sera toujours pris en considération, de sorte que ceux-ci aient aussi la perspective de mener une vie heureuse et accomplie.

Selon Rawls, dans la situation initiale voilée, les humains opteront dès lors en toute logique pour deux principes de justice précis : le principe d'égalité et le principe de différence. Rawls écrit :

> [...] je soutiendrai que les personnes placées dans la situation initiale choisiraient deux principes [...] Le premier exige l'égalité dans l'attribution des droits et des devoirs de base. Le second, lui, pose que des inégalités socio-économiques, prenons par exemple des inégalités de richesse et d'autorité, sont justes si et seulement si elles produisent, en compensation, des avantages pour chacun et, en particulier, pour les membres les plus désavantagés de la société.[10]

La découverte révolutionnaire de Rawls apparaît alors dans toute sa clarté. Il répond à la question de la société parfaitement juste en proposant une expérience de pensée fulgurante qui se décline en trois étapes.

Première étape : il pose la question des principes fondamentaux les plus justes de la société et constate qu'aucun humain particulier, même philosophe, n'est en droit de les définir seul. Ces principes ne peuvent prétendre à une quelconque validité que si tous les citoyens en conviennent contractuellement de leur plein gré.

Deuxième étape : pour cela, les citoyens doivent idéalement se rassembler dans une sorte de situation initiale et délibérer de manière objective et équitable sous le voile d'ignorance en êtres égaux, libres et doués de raison afin de déterminer les meilleurs principes possibles.

Troisième étape : de ces conditions optimales émergeraient précisément deux principes fondamentaux de la justice – le principe d'égalité et le principe de différence. Ces deux principes doivent être considérés logiquement comme les meilleurs possibles parce que ceux-là seuls sont apparus dans des conditions idéales.

Rawls admet que le choix du principe d'égalité et de différence sous le voile d'ignorance est purement hypothétique et n'a encore jamais eu lieu dans la réalité, ne pourra même jamais avoir lieu. Toutefois, il avance que le résultat de son expérience de pensée est bien plus précieux que toutes les tentatives réelles de l'humanité pour convenir de principes de justice par le biais de délibérations – pour la simple raison que les deux principes de justice qu'il propose ont émergé dans les conditions théoriquement optimales de l'équité, conditions que la réalité n'est jamais en mesure d'offrir :

Il est donc clair, selon moi, qu'une conception de la justice est plus raisonnable, ou plus susceptible de justification, qu'une autre si ses principes sont choisis [...] par des personnes rationnelles placées dans cette situation initiale.[11]

Rawls a-t-il raison ? Son expérience de pensée fonctionne-t-elle ? Le principe d'égalité et de différence est-il vraiment supérieur à toutes les autres conceptions de la justice ? Des revenus plus élevés ne sont-ils effectivement justifiés que si, comme l'exige le principe de différence, les membres les plus faibles de la société en tirent un bénéfice ? Sous ce rapport, le creusement du fossé entre les revenus des plus pauvres et des plus riches n'est-il pas totalement injuste ? Enfin : pouvons-nous transposer la fulgurante expérience de pensée du voile d'ignorance à d'autres domaines de la vie ? Si, par exemple, nous ignorions si nous serions des humains ou des animaux dans une société future, opterions-nous peut-être pour une société végétarienne ou végane ?

Nul doute qu'avec sa théorie de la justice, Rawls fait étinceler tout un feu d'artifice de pensées novatrices.

La pensée centrale de Rawls

Pourquoi nous posons la question de la justice : Les trois faits essentiels de l'humanité

La question de la justice occupe l'humanité depuis la nuit des temps. Selon Rawls, chaque humain a, qu'il le veuille ou non, un sens intuitif de la justice et ressent certaines choses comme justes et d'autres comme injustes. Rawls en déduit trois faits essentiels de l'humanité. Dans sa démarche, il a recours à ce qu'on appelle un *argumentum a contrario*.

Le premier fait essentiel objectivement identifiable du monde, c'est la rareté des biens. Celle-ci doit logiquement exister. Car, argumente-t-il *a contrario*, si tous les biens existaient en surabondance, la question de la juste répartition des biens ne se poserait pas. Chacun pourrait tout avoir en quantité voulue. Or, il règne toujours et partout sur Terre un état de rareté. Même dans les sociétés d'abondance, il n'y a pas de richesse structurelle assez grande pour que chaque individu puisse consommer tous les biens en quantité et qualité quelconques. Ce n'est pas seulement vrai des choses rares par nature comme les diamants, l'or ou le caviar, mais aussi des biens de nécessité quotidiens. Il n'est pas possible, par exemple, de multiplier à souhait le logement dans les centres urbains, les postes d'apprentissage et de travail attrayants, ou encore l'eau potable.

Le deuxième fait essentiel, c'est, pour Rawls, la nature anthropologique de l'humain comme être qui n'est ni altruiste, ni égoïste. Là aussi, il utilise un argument *a contrario*. Si les humains étaient tous altruistes, ils ne devraient pas poser la question de la juste répartition des biens puisqu'ils accorderaient à leurs semblables bien plus que ce qui est prescrit. La question de la juste répartition serait également caduque si les humains étaient foncièrement égoïstes, car ils n'auraient alors aucun intérêt à convenir de réglementations justes puisqu'elles entraveraient leur égoïsme. Pour Rawls, les humains ont certes tendance à favoriser leur intérêt personnel, mais ils possèdent en même temps un sens de la coopération et de la justice :

> Si la tendance des hommes à favoriser leur intérêt personnel rend nécessaire de leur part une vigilance réciproque, leur sens public de la justice rend possible et sûre leur association.[12]

Le troisième et dernier fait essentiel de l'humanité, c'est la variabilité des projets de vie. Si tous les humains avaient réellement la même conception collective du bonheur, la question de la juste répartition des biens et des perspectives s'en trouverait neutralisée. Si, par exemple, tous les humains souhaitaient mener une vie ascétique et spirituelle, reclus dans des monastères à vivre des fruits de leurs jardins, ils n'auraient en effet pas besoin d'État, avec des règles et une justice complexe de la répartition, puisque chacun comprendrait parfaitement le repli des autres et le respecterait. Or, dans la réalité, nous sommes confrontés selon Rawls au fait difficile qu'il existe d'innombrables projets de vie, peut-être même autant qu'il y a d'humains sur Terre.

En conclusion, il convient de prendre en compte l'ensemble des trois faits originels de l'humanité lorsque se pose la question de la justice : comment assurer une répartition juste des biens dans une société dès lors que, premièrement, ceux-ci sont rares, qu'il s'agit deuxièmement de les distribuer entre des personnes qui ne sont ni altruistes ni égoïstes mais guidées par leurs intérêts, et que, troisièmement, chacun de ces multiples individus aspire à des perspectives de vie et à des biens tout à fait personnels ?

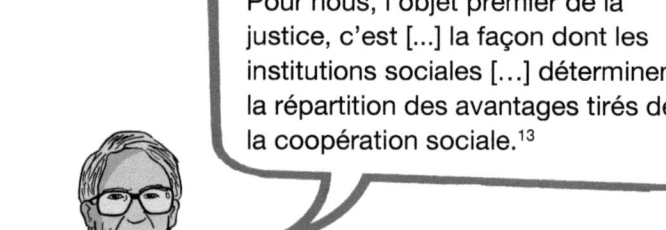

Pour nous, l'objet premier de la justice, c'est [...] la façon dont les institutions sociales [...] déterminent la répartition des avantages tirés de la coopération sociale.[13]

On perçoit d'emblée toute la difficulté du projet rawlsien. Car la question de la répartition de biens rares tels que revenus, richesses et pouvoir entraîne forcément des conflits d'intérêts compte tenu des différents objectifs de vie. Les personnes qui n'ont que peu de talent, d'ambition et de zèle et dont le but dans la vie est de mener une existence tranquille, sans stress, privilégieront probablement un système de répartition absolument égale de tous les biens étant donné qu'ils prendront part à peu de frais à la prospérité collective. Les personnes qui possèdent beaucoup d'énergie, de talent et une plus grande motivation préféreront peut-être un système de rémunération au rendement et de répartition différente des richesses.

À cela s'ajoutent les attitudes idéologiques et religieuses. Des puritains ayant fait vœu de pauvreté tiendront pour juste une société religieuse strictement réglementée. Des polygames préféreront, quant à eux, une société libertine. Finalement, avancent les critiques de Rawls, tout n'est que question de point de vue. Au milieu du XIXe siècle, la recherche s'accordait à dire que la justice ne pouvait constituer un objet d'étude scientifique objective. En particulier, le positivisme en sciences naturelles et en philosophie constatait que les enseignements censés acquérir le statut de savoir pouvaient uniquement être tirés de conclusions « positives », c'est-à-dire réelles, perceptibles et vérifiables par les sens. En revanche, les opinions concernant le bien et le mal, les valeurs et la justice n'existent pas de manière positive, et ne sont donc pas démontrables. Le logicien Wittgenstein, dans son célèbre *Tractatus logico-philosophicus*, désignait même de « non-sens » les affirmations scientifiques sur l'éthique et la justice. Il soutenait que l'éthique est spéculative et relève exclusivement de l'ordre du privé.

Mais Rawls ne se laissa pas pour autant déconcerter. Il admettait certes que la justice est une affaire privée dans la mesure où chaque individu possède d'abord effectivement sa propre conception sur le sujet. Mais si, notait-il simplement, toutes ces personnes privées pouvaient se mettre d'accord sur une seule conception commune, tout relativisme en la matière serait dépassé.

Pour Rawls, un tel accord est bel et bien possible. Il suffit de disposer d'une procédure adéquate. Rawls ne veut donc pas établir un catalogue de lois pour une société juste ; ce qui lui importe avant tout, c'est une « justice de procédure ». Ce terme, qui paraît compliqué de prime abord, est en réalité très simple ; il s'agit de quelque chose que nous utilisons fréquemment dans la vie de tous les jours. Même les enfants ont recours à une sorte de justice de procédure, par exemple lorsqu'ils veulent répartir équitablement un gâteau entre eux. Suivant la maxime « l'un divise, l'autre choisit », un des enfants recevra le couteau et coupera le gâteau en autant de parts qu'il y a de mangeurs, mais ne pourra prendre son morceau qu'en dernier :

La pensée centrale de Rawls

> Il coupera le gâteau en parts égales, car ainsi il s'assure pour lui-même la plus grosse part possible.[14]

Peut-être une telle expérience vécue dans l'enfance a-t-elle quelque peu inspiré Rawls. Car lui aussi propose, pour une répartition juste des biens dans une société future, une procédure tout à fait lumineuse dans laquelle celui qui divise ne sait pas à l'avance quelles gratifications il recevra au bout du compte.

La position originelle – Le degré zéro du choix de la société idéale

À quoi doit ressembler une situation de décision idéale pour que les individus soient en mesure de choisir la structure de leur société future de manière absolument raisonnable et juste ? Ou, pour le formuler autrement : dans quelles conditions un tel choix doit-il avoir lieu pour que la justice de procédure soit garantie et que le gâteau soit réparti équitablement ?

Rawls cite essentiellement six conditions qui doivent être remplies dans la position originelle pour qu'une situation de décision absolument équitable préside au choix des principes de la société future.

1. Égalité : tout le monde doit pouvoir participer de la même manière :

> Il semble raisonnable de penser que, dans la position originelle, les partenaires sont égaux. Cela veut dire qu'ils ont tous les mêmes droits dans la procédure du choix des principes ; chacun peut faire des propositions […].¹⁵

2. Sens de la justice : dans la position originelle, les humains doivent déjà disposer d'un certain sens naturel de la justice et être ensuite prêts à se porter garants des accords conclus :

> Une fois les principes reconnus, chacun peut se fier à l'autre pour s'y conformer. ¹⁶

La pensée centrale de Rawls

3. Rationalité : dans la position originelle, les individus doivent déjà être en mesure de prendre des décisions motivées par la raison. Autrement dit, les décideurs ne sont pas, dans la position originelle, des barbares finis mais ont recours à des raisons rationnelles pour choisir les principes de justice de leur État ultérieur. Ce faisant, ils peuvent tout à fait défendre leurs propres intérêts et sont même invités à le faire mais, selon Rawls, ils doivent procéder de manière rationnelle et avec une logique non contradictoire, car c'est le seul moyen de parvenir à un accord sur des principes communs :

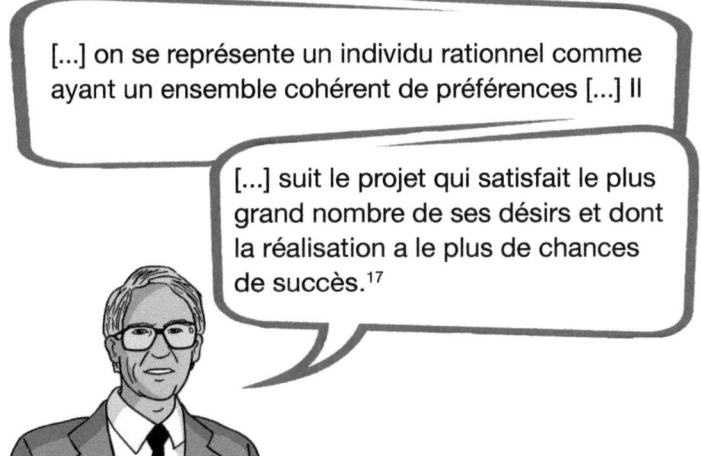

[...] on se représente un individu rationnel comme ayant un ensemble cohérent de préférences [...] Il [...] suit le projet qui satisfait le plus grand nombre de ses désirs et dont la réalisation a le plus de chances de succès.[17]

4. Désintérêt mutuel : cette condition peut sembler un peu étrange. Pourquoi les individus devraient-ils être indifférents les uns aux autres avant la délibération ? Rawls estime que c'est nécessaire. Lors de la décision sur la structure de la société future, il ne doit en effet y avoir parmi les personnes présentes ni haine, ni jalousie, ni aversion, ni colère, ni sympathie, ni affection ou amour étant donné que cela pourrait fausser le résultat de la délibération. Un père qui a, par exemple, cinq fils mais aucune fille et qui a été trompé et quitté par sa femme pourrait avoir tendance à accorder une meilleure rémunération ou d'autres privilèges aux membres masculins de la société. Un homme qui tombe amoureux de trois femmes peu avant la délibération dans la situation initiale pourrait favoriser la polygamie, etc. Pour des raisons d'équité, il est donc préférable, selon Rawls, que les différents partenaires n'aient aucun lien émotionnel les uns envers les autres au moment de la délibération. Si de tels individus totalement neutres sur le plan relationnel nous paraissent bien quelque peu irréels, Rawls souligne toutefois :

> Tout d'abord, nous devons nous rappeler que les partenaires, dans la position originelle, sont des individus définis d'une manière théorique.[18]

Et ces individus définis d'une manière théorique doivent précisément, insiste Rawls, être constitués de façon à pouvoir prendre des décisions absolument équitables. C'est le seul moyen de parvenir à la société idéale et juste.

5. Besoin de biens premiers : dans la position originelle, les individus ne sont pas des ascètes. Il y a, chez tous, un besoin de bénéficier de biens premiers déterminés, si possible dans une grande proportion :

[...] les biens sociaux premiers sont constitués par les droits, les libertés et les possibilités offertes, les revenus et la richesse.[19]

Tous les individus sont très attachés à ces biens premiers étant donné que la réalisation de leurs projets de vie et de leur bonheur en dépend :

> Quand les hommes jouissent de ces biens dans une plus grande proportion, ils sont généralement assurés de pouvoir réaliser leurs intentions et de faire progresser leurs objectifs, quels qu'ils soient, avec davantage de succès.[20]

C'est pourquoi il importe tant, lors de la délibération dans la position originelle, de trouver des principes absolument justes qui garantissent la répartition équitable de ces biens premiers par des institutions appropriées. Cela vaut aussi pour un autre bien premier sur lequel Rawls insiste tout particulièrement :

> Un bien premier particulièrement important est le sens que quelqu'un a de sa propre valeur [...].[21]

6. *Le voile d'ignorance* : afin que personne ne puisse fonder les principes futurs de la justice uniquement en fonction de sa propre situation, les individus ne doivent disposer, dans la position originelle, d'aucune information sur eux-mêmes :

> Tout d'abord, personne ne connaît sa place dans la société, sa position de classe ou son statut social ; personne ne connaît non plus ce qui lui échoit dans la répartition des atouts naturels et des capacités, c'est-à-dire son intelligence et sa force, et ainsi de suite. [...] Les personnes dans la position originelle n'ont pas d'information qui leur permette de savoir à quelle génération elles appartiennent.[22]

Sous le voile d'ignorance, les décideurs sont donc totalement aveugles pour ce qui est de leur situation personnelle. En revanche, ils disposent bel et bien de connaissances sur les enjeux de l'ensemble de la société :

> Ils comprennent les affaires politiques et les principes de la théorie économique, ils connaissent la base de l'organisation sociale et les lois de la psychologie humaine.[23]

En conclusion : tel un ingénieur doté d'un crayon bien affûté, Rawls élabore savamment sa position originelle à partir de six modules comme un temple d'équité logiquement parfait qui fascine tout un chacun. En effet, dans sa position originelle idéale se rencontrent en fin de compte des individus égaux et doués de raison qui n'ont pas de relations entre eux, qui sont intéressés par la maximisation de leurs droits, de leurs perspectives de vie, de leur liberté, de leur revenu et du sens qu'ils ont de leur propre valeur et qui, sans rien savoir de leur situation personnelle, veulent convenir, sous le voile d'ignorance, des principes communs de leur société future.

Le voile d'ignorance et la règle du maximin

Parmi les six conditions données dans la position originelle, le voile d'ignorance sort du lot. La raison pour laquelle il joue un rôle tout à fait central est que, pour Rawls, il s'agit surtout de créer une situation absolument équitable, de sorte que l'élaboration et le choix des principes de justice dans la position originelle ne soient en aucun cas altérés par des préjugés personnels. Ainsi, il exclut d'emblée le choix de principes de justice qui pourraient consolider des prérogatives physiques ou racistes, puisque que personne ne sait si, dans la société ultérieure, il sera jeune ou vieux, grand ou petit, de peau blanche ou noire :

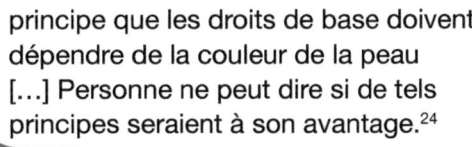

Par exemple, personne n'exigerait que l'on accorde des privilèges particuliers à tous ceux qui mesurent exactement 1,80 m [...] Personne ne défendrait le principe que les droits de base doivent dépendre de la couleur de la peau [...] Personne ne peut dire si de tels principes seraient à son avantage.[24]

Dans la position originelle, les individus se trouvent en effet dans un état d'incertitude quant à leur position future et prennent donc leurs décisions, écrit Rawls, en vertu de la règle dite du maximin : « Maximise le minimum ! »

La règle du maximin est un principe de décision issu de la théorie des jeux selon lequel le joueur choisit stratégiquement, parmi diverses possibilités, la répartition des biens dans laquelle le plus mauvais résultat possible sera toujours meilleur pour lui que le plus mauvais résultat dans tous les autres scénarios disponibles. Il s'agit donc de partir du *worst case*, du pire des cas, de limiter les pertes éventuelles et de considérer le meilleur minimum atteignable au sein des modèles de société disponibles comme objectif maximal. En langage de tous les jours, on dirait : « Un tiens vaut mieux que deux tu l'auras ».

> La règle du « maximin » nous dit de hiérarchiser les solutions possibles en fonction de leur plus mauvais résultat possible : nous devons choisir la solution dont le plus mauvais résultat est supérieur à chacun des plus mauvais résultats des autres.[25]

La règle du maximin, à savoir la préférence donnée au meilleur minimum possible, reflète donc une attitude plutôt prudente et pessimiste. Le contraire de cette stratégie serait, sur le plan de la théorie des jeux, la règle du maximax, c'est-à-dire que le « joueur » ou preneur de décision prend toujours le risque maximal pour avoir ainsi la chance d'obtenir des gains maximaux, même s'il doit prendre en compte des risques bien plus élevés.

Rawls part du principe que les individus, si on leur demandait dans quelle société ils veulent vivre à l'avenir, choisiraient en tous les cas la société dans laquelle, dans le *worst case*, c'est-à-dire dans le pire cas de figure possible, ils pourraient encore mener une vie bonne. Si chacun pouvait choisir, par exemple, entre un modèle de société antique dans lequel il est permis aux seigneurs de châtier ou tuer leurs esclaves à tout moment et un second modèle de société dans lequel il existe certes toujours du travail salarié dépendant mais où plus aucun employeur n'a le droit de disposer de la vie et de la mort de ses employés, chacun opterait, selon le principe rawlsien du maximin, pour le second modèle. Même si la possibilité de mener une vie de riche propriétaire terrien disposant de nombreux esclaves lui paraissait attrayante, l'individu préférerait finalement, selon Rawls, le second modèle étant donné que sa subsistance s'en trouverait assurée :

> Cela ne vaut pas la peine de prendre de risques au nom d'un avantage supplémentaire [...] si elle en vient à perdre une bonne partie de ce qui est important pour elle.[26]

Comme la règle du maximin joue chez Rawls un rôle crucial pour le choix ultérieur des principes de justice, examinons de plus près sa structure sur le plan de la théorie des jeux au moyen de l'exemple mathématique suivant.

Supposons que, dans la situation initiale, les individus aient le choix entre trois modèles de société pour la répartition future des biens et des perspectives de vie. Le chiffre 1 représente une pièce d'or comme capital de départ symbolique, soit l'attribution minimale de biens et de perspectives, le chiffre 4 000 représente 4 000 pièces d'or, soit l'attribution maximale. Quel modèle serait choisi collectivement parmi les trois modèles de répartition décrits ci-après ?

Dans le modèle de société n° 1, certains individus ne reçoivent que 7 pièces d'or comme capital de départ, d'autres 32 pièces d'or, d'autres encore 47 et un dernier groupe 300 chacun. Si les individus choisissent le modèle n° 1, ils savent donc qu'ils auront 7, 32, 47 ou 300 pièces d'or comme capital de départ, mais ils ne savent pas laquelle des quatre attributions leur reviendra. Il en va de même pour les autres modèles n° 2 et n° 3 soumis à délibération.

Modèle n° 1 : 7, 32, 47, 300.

Modèle n° 2 : 13, 25, 31, 37.

Modèle n° 3 : 5, 417, 1205, 4000.

La grande majorité, affirme Rawls, choisirait le modèle de répartition des biens dans lequel le plus petit nombre est supérieur au plus petit nombre de toute autre quantité d'attribution, soit logiquement le modèle n° 2. En effet, dans ce modèle, le plus petit nombre est le 13, mais c'est toujours nettement mieux que le 5 ou le 7 qui figurent dans les deux autres modèles. Si le 13 ne promet certes pas l'opulence, il n'en reste pas moins la meilleure option par rapport au risque de tomber sur le 5 ou le 7 dans les autres modèles.

Il en irait tout autrement dans la tradition de pensée

utilitariste. Le terme latin *utilitas* signifie bénéfice. Si l'on partait du meilleur bénéfice moyen possible, le modèle n° 3 aurait la préférence puisqu'il promet mathématiquement, de loin, la plus grande prospérité et les meilleures perspectives pour les individus, avec des sommes maximales qui se montent à plusieurs milliers.

Rawls fut critiqué par les utilitaristes au motif que, selon le principe du maximin, il donnerait théoriquement la préférence à une société globalement plus pauvre, plutôt qu'à une société en moyenne plus opulente, dans la mesure où le plus pauvre de la société pauvre est un tant soit peu mieux loti que le plus pauvre de la société opulente.

Rawls rejeta vivement cette critique de sa règle du maximin reposant sur l'argument d'un gaspillage du bénéfice global. Il refusait catégoriquement la tradition de pensée anglo-saxonne de l'utilitarisme et de ses pères fondateurs Smith, Bentham et Mill parce que, selon lui, déterminer les principes de justice demande bien plus d'efforts que de chiffrer simplement à la calculatrice le « plus grand bonheur du plus grand nombre ». Car dans ce cas, les minorités, selon Rawls, restent sur le carreau.

Chez Rawls, les individus placés dans la situation

initiale se distinguent précisément par le fait qu'ils veillent toujours, au sens de l'impératif catégorique de Kant, à ce que les principes de justice futurs soient généralisables, c'est-à-dire praticables pour tout un chacun.

De même, sur le plan purement psychologique, Rawls considérait irréfutable son hypothèse selon laquelle les individus placés dans la situation initiale choisiraient, sous le voile d'ignorance, l'option qui leur permettrait en tout cas de mener une vie digne d'être vécue.

Les deux principes de justice : Le principe d'égalité et le principe de différence

Dans la position originelle, toutes les parties prenantes décident en définitive, en personnes égales et douées de raison, comment elles veulent répartir et organiser les biens premiers dans leur société future – c'est-à-dire les droits, les perspectives, la liberté, les revenus, les richesses et l'estime de soi – de manière juste et équitable. Selon Rawls, il existe toute une série de systèmes de société et de répartition parmi lesquels les parties prenantes peuvent choisir librement ceux qui correspondent le mieux à leurs intérêts. Pour illustrer son propos, Rawls examine cinq solutions principales, avec quinze choix possibles. Toutefois, l'application de la règle du maximin sous le voile d'ignorance a immanquablement pour effet que les individus placés dans la position originelle se mettront d'accord sur deux grands principes de justice – à savoir les deux principes suivants :

PREMIER PRINCIPE Chaque personne doit avoir un droit égal au système social le plus étendu de libertés de base égales pour tous, compatible avec un même système pour tous.[27]

SECOND PRINCIPE Les inégalités économiques et sociales doivent être telles qu'elles soient : a) au plus grand bénéfice des plus désavantagés, dans la limite d'un juste principe d'épargne, et b) attachées

> à des fonctions et à des positions ouvertes à tous, conformément au principe de la juste (*fair*) égalité des chances.[28]

Le premier principe est le « principe d'égalité ». Il se conçoit aisément et se passe d'explications. Avec la règle du maximin, il est de l'intérêt de toutes les parties prenantes de se mettre d'accord, dans la situation initiale, pour que chaque citoyen jouisse exactement des mêmes libertés de base afin de ne pas devoir, dans le pire des cas, subir un préjudice à vie.

Les libertés de base sont, par exemple, le respect de la dignité humaine, la protection de la vie privée, l'égalité devant la loi, etc. Dans le système à trois classes du Moyen Âge, personne ne voudrait dépendre des classes supérieures – c'est-à-dire de la noblesse ou du clergé – et de leur bon vouloir en cas de litige devant un tribunal. Par conséquent, dans la situation initiale, personne ne voudra opter pour une société aristocratique s'il existe d'autres possibilités. Car sous le voile d'ignorance, chacun doit s'attendre à n'être pas noble de naissance mais, si le hasard en décide ainsi, paysan ou serf :

> Les sociétés aristocratiques ou de castes sont injustes parce qu'elles font de ces contingences le moyen de répartir les hommes entre des classes sociales plus ou moins fermées [...].[29]

Tout le monde souhaite des juges indépendants qui appliquent la loi de la même manière pour tous les citoyens. De plus, contrairement aux époques passées, chaque individu veut jouir des mêmes droits en termes d'épanouissement de sa personnalité, de protection de sa sphère privée, de libre expression, de libre choix de sa profession, de liberté d'association, de liberté de religion, d'inviolabilité de sa dignité ainsi que d'élections libres. D'où le premier principe :

> Chaque personne doit avoir un droit égal au système social le plus étendu de libertés de base égales pour tous, compatible avec un même système pour tous.[30]

Dans la situation initiale, les individus choisissent donc logiquement ce premier principe de justice en vertu duquel chaque citoyen peut jouir des mêmes libertés de base illimitées tant qu'il ne porte pas atteinte aux libertés de base d'autrui au sein de ce système. Comme nous le savons, ce principe d'égalité convenu dans la position originelle n'est pas seulement une construction théorique, il est aussi de nos jours une composante essentielle de tout État de droit libéral.

Le deuxième principe de justice qui émane de la situation initiale est, quant à lui, plus énigmatique. En effet, celui-ci n'a pas encore émergé dans notre démocratie. C'est pourquoi Rawls explique de manière particulièrement précise ce deuxième principe de justice dit « principe de différence » :

Le second principe s'applique [...] à la répartition des revenus et de la richesse [...].[31]

Ici, de manière surprenante, et contrairement aux droits relatifs à la liberté, le résultat de l'accord dans la situation initiale n'est plus l'égalité complète :

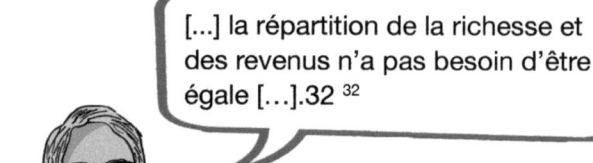

> [...] la répartition de la richesse et des revenus n'a pas besoin d'être égale [...].32 [32]

Rawls croit en effet que les individus placés dans la situation initiale opteraient en fin de compte pour une répartition différente des revenus et de la richesse. S'ils manifesteraient certes une certaine tendance à l'égalité, une société communiste, c'est-à-dire sans propriété, dans laquelle tout le monde bénéficierait des moyens de production et du revenu national à parts égales, ne serait pas pour autant la solution privilégiée. Conscients des différences de talents, de caractères et d'aptitudes, les individus, dans la situation initiale, opteraient pour une répartition échelonnée des biens et de la richesse afin de motiver et d'encourager les personnes aux talents et disponibilités divers et de faire en sorte que leurs dons profitent à tous.

Car pour Rawls, il est indiscutable que les individus apportent chacun une contribution différente à la société. Certains sont hautement motivés, assidus, travaillent beaucoup, d'autres préfèrent vivre plus modestement et se tourner vers des choses plus privées. Rawls tient donc pour précepte d'équité, dans son deuxième principe de justice, qu'il puisse y avoir différents niveaux de revenus et de richesses, même s'il assortit ce second principe d'une restriction radicale :

> Les inégalités économiques et sociales doivent être [...] au plus grand bénéfice des plus désavantagés, dans la limite d'un juste principe d'épargne, et [...] attachées à des fonctions et à des positions ouvertes à tous [...].[33]

La pleine portée de cette restriction se perçoit clairement dès lors qu'on considère notre situation actuelle et qu'on la compare avec le principe de différence de Rawls. À l'heure actuelle, nos sociétés occidentales connaissent en effet une croissance exponentielle des inégalités de revenus et de richesses sans que celles-ci, comme le requiert Rawls, « soient au plus grand bénéfice des plus désavantagés ». Les riches sont de plus en plus riches, les pauvres de plus en plus pauvres. Le fossé qui se creuse entre pauvres et riches est, en vertu du deuxième principe de justice de Rawls, tout bonnement injuste :

L'injustice alors est simplement constituée par les inégalités qui ne bénéficient pas à tous.[34]

Chaque entrepreneur, manager ou individu à gros revenu devrait apporter la preuve que son salaire comparativement élevé se justifie du fait qu'il améliore aussi, par sa prestation, la qualité de vie des plus désavantagés. Dans la situation initiale, les individus envisageraient en effet, sous le voile d'ignorance et en vertu de la règle du maximin, l'éventualité de faire partie des moins bien lotis. C'est pourquoi ils privilégieraient en principe une répartition homogène. Ils considéreront qu'une répartition inégale des biens est équitable et juste seulement si la meilleure position des personnes aisées entraîne aussi indirectement une meilleure position pour tous les autres :

> [...] par exemple des inégalités de richesse et d'autorité, sont justes si et seulement si elles produisent, en compensation, des avantages pour chacun et, en particulier, pour les membres les plus désavantagés de la société.[35]

Pour illustrer son propos, Rawls cite l'exemple de l'entrepreneur. Selon le principe de différence, un entrepreneur peut et est en principe censé gagner plus que son ouvrier mais, justement à cause de l'incitation que représente ce surplus de salaire, il fournira alors dans sa vie une prestation exceptionnelle qui, en fin de compte,

> procure un avantage à l'individu représentatif des plus démunis, dans ce cas l'ouvrier non qualifié [...].[36]

Dans son deuxième principe de justice, le principe de différence, Rawls se déclare donc partisan de revenus et de richesses échelonnés, mais il assortit ces différences d'une condition ferme :

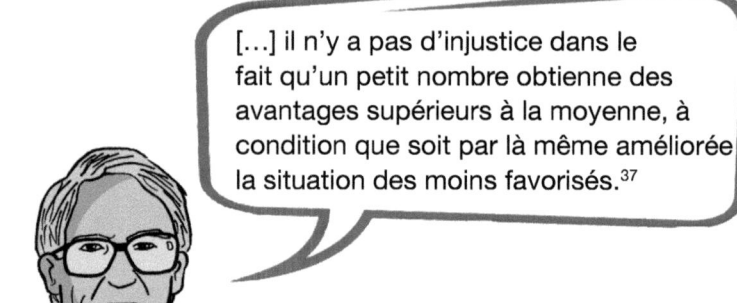

[…] il n'y a pas d'injustice dans le fait qu'un petit nombre obtienne des avantages supérieurs à la moyenne, à condition que soit par là même améliorée la situation des moins favorisés.[37]

À ce propos, Rawls parle aussi d'un « principe de compensation » inscrit dans le principe de différence. Une société juste peut et doit, à l'aide de ses institutions, procéder à une compensation des pauvres par rapport aux riches, des désavantagés par rapport au plus avantagés, pour garantir à tous le bien premier de l'« estime de soi ». Concrètement, cela signifie qu'il doit y avoir un minimum existentiel qui se trouve rehaussé à chaque croissance du revenu national.

Mais pourquoi, pourrait-on demander, la prestation supplémentaire des personnes à revenu plus élevé devrait-elle bénéficier, comme c'est énoncé dans le principe de différence, aux « plus désavantagés » ? Ne serait-il pas beaucoup plus juste d'en faire profiter d'égale manière tous les citoyens, c'est-à-dire aussi les classes moyennes et pas seulement les moins bien lotis ? Se peut-il même que la préférence pour les plus désavantagés telle que la propose Rawls soit injuste ? Rawls se pose aussi cette question critique et y répond par sa théorie de la relation en chaîne :

> Supposons que les inégalités dans les attentes soient reliées en chaîne : c'est-à-dire que si un avantage a pour effet d'augmenter les attentes de la position la plus basse il augmente les attentes de toutes les positions intermédiaires.[38]

Si un entrepreneur donne un plus grand salaire à ses collaborateurs les moins favorisés, par exemple aux auxiliaires non qualifiés, et relève le salaire de l'ouvrier spécialisé, tôt ou tard cela entraînera automatiquement, par la « relation en chaîne », une hausse de salaire correspondante des mieux qualifiés :

> Il n'y a pour ainsi dire pas de jeu dans l'imbrication des attentes entre elles.[39]

De même, une intervention des institutions étatiques en faveur des moins favorisés se répercutera toujours, selon Rawls, sur tous les autres. Si le revenu minimum prescrit est augmenté par voie législative, par exemple, c'est toute la structure salariale dans son ensemble qui sera mobilisée du fait de l'effet de chaîne. De plus, le groupe des moins favorisés disposera d'un pouvoir d'achat nettement plus important, ce qui stimulera l'économie et bénéficiera de nouveau à tous les autres.

En conclusion : le principe de compensation et la relation en chaîne permettent de rehausser le niveau des moins favorisés tout en améliorant la qualité de vie de l'ensemble de la société. Les deux grands principes de justice, le principe d'égalité et le principe de différence, sont par conséquent les meilleurs principes possibles pour assurer les libertés de base et une répartition juste des richesses et des revenus.

Les individus placés en situation initiale s'accorderaient exactement sur ces deux principes du fait de leurs propres intérêts et du principe du maximin étant donné que, d'une part, ils veulent s'épanouir librement dans la société future en fonction de leurs aptitudes et de leurs talents et que, d'autre part, s'ils devaient dans le pire des cas être moins doués et moins talentueux, ils pourraient toujours profiter du principe de différence convenu et mener une existence décente. Même s'ils étaient les moins bien lotis, ils ne seraient jamais délaissés du fait de la compensation sociale.

Robinson Crusoé, Vendredi, Dagobert Duck et John Rawls s'échouent sur une île

Le modèle de contrat social de Rawls paraît plus compliqué qu'il ne l'est réellement. Pour Rawls, il s'agit finalement de quelque chose de très simple. Dans sa théorie de la justice, il développe un modèle de procédure ingénieux à l'aide duquel tout un chacun, mais aussi un groupe de personnes, peut convenir de principes équitables pour la coexistence future :

> Mon dessein est d'affirmer que certains principes de la justice sont justifiés parce qu'ils emporteraient l'adhésion dans une situation originelle d'égalité.[40]

Le modèle de la justice de procédure de Rawls peut s'expliquer simplement à l'aide de l'anecdote fictive suivante. Dagobert Duck et John Rawls voyagent dans le même avion, lequel vient à s'écraser. Seuls survivants, ils trouvent refuge sur une île déserte. Le hasard veut que c'est précisément l'île sur laquelle vivent Robinson Crusoé et son serviteur Vendredi. Robinson ordonne au serviteur de s'occuper des deux nouveaux venus. À peine Rawls s'est-il remis de ses mésaventures qu'il reproche à Robinson d'instrumentaliser Vendredi comme serviteur et de définir son rôle de maître de façon péremptoire. Rawls propose que tous les quatre s'accordent ensemble et à l'unanimité, en égaux parmi les égaux, sur un modèle de société future qui régira leur coexistence équitable sur l'île.

Ils acceptent. Toutefois, Crusoé tient absolument à garder son serviteur. Dagobert Duck, vieux grippe-sou et milliardaire, insiste quant à lui catégoriquement pour qu'il y ait un capitaliste ou propriétaire ainsi qu'un manager et un travailleur que l'on pourra exploiter dans la société insulaire future. Ils discutent longuement. Comme ils ne peuvent se mettre d'accord sur le rôle que chacun pourra ou devra assumer à l'avenir, Rawls propose un tirage au sort, attribue aux quatre positions les lettres A, B, C et D et confectionne les billets pour le tirage au sort.

A = propriétaire de l'île
B = manager
C = travailleur
D = serviteur

Robinson hésite, tout comme Dagobert, mais au bout d'un moment ils finissent par être d'accord. Dagobert Duck exige seulement que la société future comporte des possibilités d'ascension et de régression afin que le destin ne soit pas immuablement fixé en cas de pire issue du tirage au sort. Ils se rangent tous à cet avis et conviennent d'intégrer une mobilité sociale dans leur coexistence future, aussi pour créer une incitation à donner le maximum dans les différentes positions :

> Les inégalités [...] doivent être [...] attachées à des fonctions et à des positions ouvertes à tous, conformément au principe de la juste (*fair*) égalité des chances.[41]

Avant le vote, Robinson veut savoir combien le travailleur et le serviteur gagneront et quelles seront leurs tâches. L'exploiteur Dagobert aimerait mieux ne rien donner du tout au travailleur et au serviteur. « Ils n'ont qu'à bosser et la fermer ! — Oui, mais que feras-tu si tu tires le sort du travailleur ou du serviteur ? » lui demande Robinson. « Pas de problème. Je gravirai les échelons en un rien de temps. Je suis Dagobert Duck, j'ai dans le sang plus d'avarice, de sens des affaires et d'absence de scrupules que n'importe qui d'autre sur cette île. » Cela ne plaît pas à Robinson ni à Vendredi : « Ce n'est pas équitable, dans ce cas nous pourrions tout aussi bien te désigner directement comme le capitaliste de l'île. »

Ils se disputent, ce qui fait de nouveau intervenir Rawls : il fait remarquer qu'il serait peut-être plus équitable et juste si ni Dagobert ni les autres ne savaient de quels talents ils disposent à présent ou disposeront dans la société future, c'est-à-dire s'ils sont et seront ambitieux, intelligents, sans scrupules, ou plutôt débonnaires, indolents et bons vivants. Il annonce qu'il est en mesure de créer une telle situation à l'aide d'une potion magique :

> Parmi les traits essentiels de cette situation, il y a le fait que personne ne connaît sa place dans la société, sa position de classe ou son statut social,

> pas plus que personne ne connaît le sort qui lui est réservé dans la répartition des capacités et des dons naturels, par exemple l'intelligence, la force, etc.[42]

Ils acquiescent. Rawls concocte la potion magique qui fait oublier aux personnes présentes leurs dons, talents et caractères. Ils l'ingèrent et l'effet voulu ne tarde pas à se faire sentir. Ils discutent tous quatre de manière objective et raisonnable pour savoir quels devront être le salaire minimal et les tâches des serviteurs et travailleurs afin que ceux-ci aussi puissent mener une vie bonne et autodéterminée. Comme chacun peut s'attendre à être serviteur ou travailleur par tirage au sort et que personne ne sait s'il disposera de talents pour une ascension sociale, ils se mettent d'accord sur une rétribution appropriée et équitable et sur le fait que tout gain supplémentaire perçu par le capitaliste de l'île ou par le manager profitera également au serviteur et au travailleur. Le voile d'ignorance permet finalement d'opter à l'unanimité pour une conception déterminée de la justice :

Ce sont les principes mêmes que des personnes libres et rationnelles, désireuses de favoriser leurs propres intérêts, [...] accepteraient [...].[43]

En conclusion : dès que les égoïsmes personnels des parties prenantes sont supprimés, même des personnes aussi différentes que Dagobert, Robinson, Vendredi et Rawls sont en mesure de prendre des décisions raisonnables et justes pour leur avenir commun.

L'opposition criante entre intérêt particulier subjectif et raison objective frappait déjà le philosophe et humoriste bavarois Karl Valentin quand il disait : « L'être humain est bon, ce sont les gens qui sont mauvais. » En une phrase, Valentin pointe ici, à la manière énigmatique qui lui est propre, tout ce que Rawls n'a de cesse de cerner au fil des 600 pages de sa théorie et qu'il essaie d'éliminer avec sa « justice de procédure ». Les « gens », avec leurs spécificités, perspectives et circonstances de vie propres, décident en effet bien souvent de manière très autocentrée dans les situations concrètes et s'accommodent volontiers d'inconvénients pour les autres. Par contre, l'« être humain » en soi, sur le plan purement abstrait, dispose bel et bien de la capacité de jugement et de l'honnêteté intellectuelle requises pour prendre des décisions objectives et justes.

Et c'est ce qui compte pour Rawls. Par le voile d'ignorance, il veut affranchir les gens empiriquement concrets, et parfois « mauvais », de leurs vanités dans la position originelle et, comme le dit Valentin, les retransformer en « bons êtres humains ». Car sous le voile, les questions de justice ne sont plus discutées du point de vue de sujets empiriques, mais dans la perspective de l'être humain en soi, donc dans la perspective de tous les humains. Voilà la pensée centrale et la grande découverte de Rawls :

> C'est cette façon de considérer les principes de la justice que j'appellerai la théorie de la justice comme équité.[44]

Sur le plan de l'histoire de la philosophie, Rawls a réussi le tour de force de réunir deux traditions de pensée en principe totalement inconciliables : d'une part, l'approche empiriquement utilitariste de l'évaluation des intérêts et des profits, de l'autre, l'éthique de la philosophie transcendantale de Kant.

D'une part, dans le modèle rawlsien de la justice de procédure, les individus placés dans la position originelle prennent à l'aide de la règle du maximin des décisions utilitaristes guidées par leurs intérêts, dans la mesure où ils évaluent le bénéfice attendu en regard du dommage éventuel et veulent minimiser autant que possible le dommage par intérêt personnel ; d'autre part, ils réalisent ainsi exactement, sans en avoir directement l'intention, l'impératif catégorique cher à Kant dans sa philosophie transcendantale, selon lequel chacun est tenu d'agir de sorte que son action soit bonne aussi pour tous les autres et puisse même être élevée au rang de fondement général de l'action. Rawls en est bien sûr conscient :

> Je pense que la notion de voile d'ignorance est implicite dans la morale kantienne.⁴⁵

C'est pourquoi il admet, à propos de sa théorie de la justice :

> La théorie que je propose est de nature profondément kantienne et je ne prétends, pour les vues que j'avance, à aucune originalité.⁴⁶

C'est tout à l'honneur de Rawls de concéder que sa théorie de la justice est déjà contenue dans l'éthique kantienne et que lui-même ne « prétend à aucune originalité ». Pourtant, il est ici certainement bien trop modeste. S'il est vrai qu'il n'a pas inventé l'impératif catégorique, il a toutefois réussi à donner à la règle de raison issue de la philosophie transcendantale kantienne une plausibilité psychologiquement fondée du fait des décisions prises sous le voile d'ignorance et du recours à la règle du maximin issue de la théorie des jeux. Il a insufflé une toute nouvelle vie au concept abstrait d'impératif catégorique et réussi le tour de passe-passe intellectuel de résoudre le grand paradoxe entre l'égoïsme et le devoir d'agir de manière désintéressée pour le bien de tous. Il nous recommande, en partant des conditions de la situation initiale, d'accepter l'éthique kantienne du devoir – et ce, par intérêt personnel.

À quoi nous sert la découverte de Rawls aujourd'hui ?

Rehausser le niveau des moins favorisés – La critique rawlsienne du capitalisme

À quoi nous sert la théorie de la justice de Rawls ? Nous permet-elle d'évaluer, de critiquer et d'améliorer nos sociétés actuelles ? Sa pensée centrale est claire :

> Toutes les valeurs sociales – liberté et possibilités offertes à l'individu, revenus et richesse ainsi que les bases sociales du respect de soi-même – doivent être réparties également à moins qu'une répartition inégale de l'une ou de toutes ces valeurs ne soit à l'avantage de chacun.[47]

Pourtant, c'est exactement l'inverse qui se produit dans quasiment toutes les sociétés modernes. Contrairement au principe rawlsien de différence et de compensation, c'est encore le principe dit « de performance » qui prévaut aujourd'hui. Dans la société capitaliste de la performance, le principe de répartition suivant est de règle : « De chacun selon ses capacités, à chacun selon sa performance ». En clair, cela signifie que les grandes différences de revenus et de richesses se justifient uniquement par le fait qu'elles sont basées sur des performances et des capacités différentes. Dans ce modèle, une compensation telle que la réclame Rawls n'est pas de mise. C'est précisément ce que Rawls refuse de cautionner. Quand une personne dispose de capacités exceptionnelles, elle doit les mettre au service de la communauté. Il n'y a pas de mérite, selon Rawls, à être né plus talentueux, plus fort ou plus doué que d'autres, tout comme ce n'est de la faute de personne d'être moins favorisé par nature :

> Puisque les inégalités de naissance et de dons naturels sont imméritées, il faut en quelque façon y apporter des compensations.[48]

Que les uns aient plus de possibilités et que les autres en aient moins est un pur hasard ou, pourrait-on dire, un pur arbitraire de la nature. Et cela ne s'applique pas seulement aux talents innés, mais aussi à l'appartenance à une classe sociale dans laquelle un individu est plongé à la naissance :

> Or ceux qui, par exemple, sont originaires de la classe des entrepreneurs [...] ont de meilleures perspectives que ceux qui viennent de la classe des ouvriers non qualifiés.[49]

Cet avantage de la naissance ne peut et ne devrait pas avoir d'avoir d'importance, car il contredit l'égalité des chances qui découle du premier principe de justice :

> Personne ne mérite ses capacités naturelles supérieures ni un point de départ plus favorable dans la société.[50]

L'être humain doit donc corriger, par l'entremise de la raison, ce que la nature a mal fait :

> L'idée est de corriger l'influence des contingences dans le sens de plus d'égalité.[51]

Étant donné que l'assignation de talents et de positions sociales différentes à la naissance ressemble à une loterie, l'être humain a le devoir d'amoindrir les injustices qui en découlent. Des talents supérieurs ou encore l'appartenance à une famille financièrement privilégiée avec les meilleures perspectives de formation que cela implique ne sont pas une affaire personnelle, mais sont du ressort de la communauté et doivent, selon Rawls, être socialisés :

> Le principe de différence représente, en réalité, un accord pour considérer la répartition des talents naturels comme un atout pour toute la collectivité [...].[52]

Comme les talents, formations et capacités différents sont la propriété de la collectivité, leurs fruits doivent être répartis entre tous :

> [...] nous devons prendre en considération l'exigence de réparation. Elle représente, pense-t-on, l'un des éléments de notre conception de la justice.[53]

Il est évident que les moins favorisés, par exemple les enfants issus de familles pauvres à faible niveau de formation, sans propriété, peuvent le plus prétendre à réparation. L'enseignement, en particulier, doit offrir à long terme aux plus défavorisés les mêmes opportunités de formation qu'aux privilégiés, par des offres, des bourses et des subventions gratuites :

> [...] le principe de différence conduirait à attribuer des ressources à l'éducation, par exemple, avec comme but d'améliorer les attentes à long terme des plus défavorisés.[54]

À ce propos, Rawls parle aussi de « fraternité » :

> Un mérite supplémentaire du principe de différence est qu'il fournit une interprétation pour le principe de fraternité.[55]

Depuis la Révolution française, les trois exigences célèbres d'une société juste sont : « Liberté, égalité, fraternité ! ». Le principe de différence et de compensation entre pauvres et riches correspond, selon Rawls, à la « fraternité ». Car entre frères et sœurs, tout comme au sein d'une famille, il est tout à fait habituel que les mérites, talents et revenus supplémentaires soient alloués au membre le plus défavorisé ou à tous les membres :

> Les membres d'une famille, généralement, ne souhaitent pas un profit qui ne servirait pas en même temps les intérêts des autres.[56]

Selon Rawls, il est donc tout aussi raisonnable de rechercher cette forme de compensation fraternelle à l'échelon supérieur de la société. Ses deux principes de justice incarnent même, selon lui, l'ensemble des trois exigences de la Révolution française :

> [...] la liberté correspond au premier principe, l'égalité à l'idée d'égalité contenue dans le premier principe et à celle d'une juste (fair) égalité des chances, et la fraternité correspond au principe de différence.[57]

Pour que l'égalité juridique soit inaliénable, Rawls place ses deux principes de justice selon un « ordre lexical », comme il l'appelle :

> Ces principes doivent être disposés selon un ordre lexical, le premier principe étant antérieur au second.[58]

Cela signifie que le premier « principe d'égalité » passe avant le « principe de différence » et ne peut pas non plus être amoindri par ce dernier. Même si la prospérité matérielle de tous se trouvait considérablement améliorée par des droits spéciaux accordés à un petit nombre, l'égalité de principe devant la loi ne pourrait pas être révoquée.

En conclusion : dans la société équitable, l'égalité juridique est inaliénable. Il ne peut y avoir de différences que dans la répartition des revenus et des richesses. Mais là encore, le principe de compensation est de rigueur. Certes, il existe *de facto* une inégalité naturelle et sociale qui se répercute dans la répartition des biens ; toutefois, nous devons œuvrer sans cesse à réduire cette inégalité.

Avec ses principes de différence et de compensation, Rawls a, au fond, critiqué le monde entier et son mode de production. Car il est un fait que dans toutes les démocraties organisées selon l'économie de marché, la répartition des revenus et des richesses connaît une disparité croissante. Sans compter les exemples criants d'évolution inégale des revenus qui, selon Rawls, ne peuvent plus être justifiés. Ainsi, à l'époque de la réunification allemande par exemple, les dirigeants des trente plus grandes entreprises allemandes gagnaient quatorze fois plus que le salaire moyen de leurs collaborateurs. Selon une étude[59] de la fondation Hans Böckler, leur salaire est aujourd'hui de soixante à cent fois plus élevé :

Un système est injuste quand les attentes plus élevées, une ou plus, sont excessives.[60]

Ainsi, Martin Winterkorn, PDG de Volkswagen, touchait à la fin un revenu annuel de 17 millions d'euros, soit 1,4 millions par mois. Le PDG de la Deutsche Post, Appel, porta même son salaire au 223ème du salaire moyen de ses collaborateurs par suite d'une série d'augmentations.

En vertu du principe de compensation de Rawls, un tel accroissement de l'inégalité ne pourrait se justifier que si la preuve était apportée que M. Winterkorn ou M. Appel accomplissaient non seulement cent fois plus que chacun de leurs employés, mais qu'en plus les collaborateurs les plus défavorisés de leurs entreprises étaient soutenus et impliqués de manière considérable. Dans tous les autres cas, il s'agit purement et simplement d'« injustice », selon Rawls :

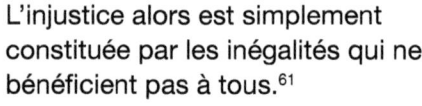

L'injustice alors est simplement constituée par les inégalités qui ne bénéficient pas à tous.[61]

Sur ce plan, la hausse drastique des loyers qui se manifeste dans de nombreuses métropoles en raison du marché surchauffé par la pénurie de logements apparaît tout aussi injuste. Cette hausse génère en effet des revenus faramineux pour les propriétaires immobiliers sans que les locataires n'en tirent un avantage ou y prennent part de quelque manière que ce soit. Pour satisfaire au principe de différence, les magnats de l'immobilier devraient prouver qu'ils investissent leurs bénéfices dans la modernisation et la construction de milliers d'habitations pour que des logements de meilleure qualité et en plus grand nombre soient créés pour les moins favorisés. Or, ce n'est souvent pas le cas, et même là où on prétend le faire, la chose est extrêmement difficile à démontrer. Malgré cette difficulté, Rawls maintient que sa théorie de la justice contient bel et bien un critère objectif :

À quoi nous sert la découverte de Rawls aujourd'hui ?

Le principe de différence essaie d'établir des bases objectives pour les comparaisons interpersonnelles [...].[62]

Mais où se situe exactement la limite objective ? À partir de quand des revenus et richesses inégaux sont-ils injustes ? Et à partir de quand un citoyen fait-il partie des moins favorisés qu'il convient d'aider ? Existe-t-il un critère praticable pour une répartition équitable des biens par le biais de nos institutions, ou bien la justice de répartition de Rawls reste-t-elle à l'état de pure théorie ?

La répartition équitable des biens – Réalisable en pratique ou pure théorie ?

Pour désamorcer le reproche de « théorie pure », Rawls a proposé, comme critère concret, la notion de « demi-médiane ». En clair : quiconque gagne moins de la moitié du salaire moyen fait partie du groupe des moins favorisés et peut prétendre à des allocations dès lors que les personnes qui gagnent plus peuvent accroître leur salaire :

> [...] il n'y a pas d'injustice dans le fait qu'un petit nombre obtienne des avantages supérieurs à la moyenne, à condition que soit par là même améliorée la situation des moins favorisés.[63]

Néanmoins, certaines questions restent en suspens. Combien certaines personnes ont-elles le droit de gagner en plus ? Comment identifier si, par exemple, l'investissement d'un entrepreneur dans une nouvelle technologie profite à tous ou pas ? Le salaire faramineux d'un joueur de football est-il justifié dès lors qu'il apporte beaucoup de joie aux moins favorisés par son jeu brillant, ou doit-il y avoir là aussi un transfert réel de richesse aux pauvres ?

L'application concrète du principe de compensation est sans aucun doute difficile. Il faut néanmoins constater que Rawls est l'un des très rares scienti-

À quoi nous sert la découverte de Rawls aujourd'hui ?

fiques à avoir opposé un modèle alternatif à la justification purement économique du salaire par le libre jeu de l'offre et de la demande. Tandis qu'avant Rawls, toutes les personnes à gros revenus se reposaient simplement sur le fait que leur salaire exorbitant était conforme au marché, Rawls a mis en question de manière générale le marché en tant qu'instance morale. Car il est tout à fait possible de limiter institutionnellement les gros salaires au-delà de toute situation de marché ou de procéder par exemple à une redistribution des richesses en faveur des pauvres :

> [...] les libertés et les possibilités sont définies par les règles des institutions les plus importantes et ce sont elles qui commandent la répartition des revenus et de la richesse.[64]

En mettant finalement sa « justice de procédure » à la place de la « justice de marché », Rawls a brisé un tabou du libéralisme économique. Il a osé mettre en doute le caractère sacré du marché et de son autorégulation et a proposé et fondé à la place une procédure juste. C'est sans doute aussi la raison pour laquelle *Théorie de la justice* a été traduit en plus de vingt langues et a acquis une notoriété mondiale en l'espace de quelques années.[65]

Pourtant, comme pour toute grande théorie, les critiques ne manquent pas. On lui reproche entre autres le fait que son vote hypothétique dans la position originelle ne convient nullement pour fonder démocratiquement ses deux principes de justice. D'aucuns prétendent que, à y regarder de plus près, les choses se passeraient de manière bien peu démocratique dans sa situation initiale. Les démocraties pluralistes, avancent les critiques, voient discuter divers individus et partis ayant des avis et des intérêts différents. Ils recherchent des compromis pour trouver des solutions justes. Dans la situation initiale de Rawls, en revanche, de telles discussions sont forcément absentes. La cause en serait le voile d'ignorance : Rawls l'aurait tricoté avec des mailles bien trop serrées. Dans son effort exagéré d'instaurer des individus et des groupes absolument impartiaux, objectifs et équitables, il aurait tué toute individualité et tout intérêt de groupe. Resteraient des clones stériles, dépourvus de relations et de sentiments, qui ne savent même plus qui ils sont et seront à l'avenir. Comment ceux-ci pourraient-ils encore opter pour des principes de justice par « propre intérêt » ? Car si

Rawls parle certes d'un accord équitable de tous les humains dans la position originelle, en réalité ce ne sont plus chez lui des humains qui décident, mais des clones de raison abstraits désindividualisés ou, pourrait-on dire, un seul « macrosujet » artificiel.[66]

D'autres critiques attirent l'attention sur le fait que les participants au vote initial sont censés, selon Rawls, disposer de connaissances générales approfondies en politique, en économie et en psychologie pour prendre une bonne décision. Or, d'après sa propre théorie, ces connaissances ne seraient même pas possibles étant donné que, sous le voile d'ignorance, les participants sont dépourvus de toute expérience concrète personnelle impliquant un avantage ou un désavantage économique et à partir de laquelle seulement un tel savoir approfondi peut s'élaborer.

La règle du maximin est également critiquée. Les humains, d'après les critiques, ne seraient pas aussi peu enclins à prendre des risques que l'affirme Rawls. Face à des perspectives d'avantages substantiels, ils négligeraient le cas échéant les répercussions négatives éventuelles de leur décision. Au lieu de sa considération pessimiste du pire des cas, Rawls aurait dû se baser, pour sa situation initiale, sur une disposition moyenne au risque.[67]

La critique sur la question de la cohérence théorique de la situation initiale est peut-être en partie justifiée. Toutefois, on s'étonnera que les détracteurs aient pointé du doigt avec tant d'acrimonie les notions de position originelle et de voile d'ignorance. Car une chose est sûre : avec sa construction de la situation initiale, Rawls a simplement repris un archétype ancestral que nous connaissons tous et qui fait indissociablement partie de notre conception de la justice – l'image de la déesse « Justitia » avec la balance, le glaive et les yeux bandés.

Depuis toujours, la déesse de la justice est représentée symboliquement avec trois attributs essentiels. La balance, qui représente la loi, lui sert à discerner scrupuleusement ce qui est juste de ce qui ne l'est pas ; le glaive, symbole de la punition, lui permet de pourfendre les crimes ; les yeux bandés représentent son impartialité envers les parties en litige. C'est sans regarder la personne qu'elle rend son jugement, en s'attachant aux faits et par-delà toute sympathie ou antipathie personnelle. Elle ne sympathise ni avec le plaignant, ni avec le défendeur. Son regard non troublé est tourné vers l'intérieur et axé sur la pure idée de justice. Rawls ne vise rien d'autre avec sa situation initiale : l'impartialité absolue.

À quoi nous sert la découverte de Rawls aujourd'hui ?

Le voile d'ignorance – Un principe de décision transposable ?

Quelques années après la publication de son ouvrage principal, Rawls a également transposé sa fulgurante expérience de pensée du voile d'ignorance au domaine du droit international. De nouveau, il part d'une position originelle fictive et pose la question de savoir quel contrat pourrait émerger si les divers peuples le concluaient dans les meilleures conditions possibles.

Supposons que les représentants des peuples se réunissent et délibèrent, sous le voile d'ignorance, pour s'accorder sur un règlement de droit international. Ce faisant, ils ne connaissent ni la taille de leur nation, ni leur puissance militaire :

> En outre, je pose que les partenaires ne connaissent pas ce qui constitue le contexte particulier de leur propre société. C'est-à-dire qu'ils ignorent la situation économique ou politique, ainsi que le niveau de civilisation et de culture qu'elle a pu atteindre.[68]

À quoi nous sert la découverte de Rawls aujourd'hui ?

Autrement dit, les peuples ne savent pas s'ils constituent un pays pauvre en voie de développement ou une nation industrielle de premier rang. Quel ordre futur choisiraient-ils sous le voile d'ignorance ? Rawls part du principe qu'il en ressortirait un ordre mondial dans lequel tous les États se respecteraient en partenaires libres et égaux, indépendamment de leur taille. Dans le détail, ils opteraient, selon Rawls, pour les principaux fondamentaux ci-après qui, soit dit en passant, s'approchent fortement des principes actuels de droit international :

> Les peuples sont libres et indépendants [...] doivent respecter les traités et accords [...] sont égaux et doivent être impliqués dans les accords qui les lient. [...] Les peuples doivent respecter un devoir de non-intervention [...] ont un droit d'autodéfense [...] doivent défendre les droits de l'homme.[69]

Sans oublier l'aspect suivant auquel Rawls est très attaché :

> Les peuples ont un devoir d'assistance envers les sociétés devant faire face à des conditions non favorables. [...] des dispositions requérant l'assistance mutuelle des peuples en temps de famine [...] seront également prises [...].[70]

Le résultat de son livre *Le droit des peuples* correspond donc à sa théorie de la justice, avec la seule différence que les principes de justice sont censés régir non plus la coexistence d'individus dans une société, mais la coexistence de tous les peuples sur la planète. Dans les deux cas, un rapport juste et équitable des partenaires contractuels est convenu sous le voile d'ignorance, tout comme le devoir d'assistance pour les moins favorisés. Rawls souligne que son expérience de pensée peut être transposée non seulement au droit international, mais aussi à d'autres domaines :

La position originelle sous le voile d'ignorance n'est

À quoi nous sert la découverte de Rawls aujourd'hui ?

> Dans tous les cas, la position originelle doit être interprétée de façon telle que l'on puisse à n'importe quel moment adopter son point de vue.[71]

finalement pas, comme il le dit lui-même, un idéal surhumain. Bien au contraire – chacun de nous peut se mettre dans la position originelle au quotidien et appliquer le voile comme procédure concrète. Il suffit pour cela de s'imaginer un instant le voile :

Si l'on discute par exemple de l'instauration d'un re-

> Nous pouvons nous mettre dans la position originelle, pour ainsi dire, à n'importe quel moment, simplement en suivant une certaine procédure, à savoir en présentant des arguments en faveur des principes de la justice qui soient en accord avec ces restrictions.[72]

venu minimum pour les coiffeurs, beaucoup de gens y seront d'abord opposés parce qu'ils craindront à juste titre que leur visite chez le coiffeur ne leur coûte nettement plus cher. Mais si nous nous mettons un instant sous le voile par un effort de la pensée, comme le recommande Rawls, et que nous imaginons que nous ne savons pas si nous serons à l'avenir coiffeurs ou clients, nous nous plaçons automatiquement, du fait de cette restriction, bien plus intensément dans la situation des coiffeurs insuffisamment rémunérés. Tel est précisément l'effet de l'expérience de pensée rawlsienne :

Rawls formule cette idée encore plus clairement

lorsqu'il dit que son expérience de pensée du voile d'ignorance

À quoi nous sert la découverte de Rawls aujourd'hui ?

[...] force chacun [...] à prendre en considération le bien des autres.[74]

Une autre application de l'expérience de pensée rawlsienne apparaît dans le véganisme politique eu égard à la justification de l'idée du droit des animaux. Là aussi, on part d'une position originelle hypothétique. Imaginons que tous les êtres vivants concernés doivent se mettre sous le voile d'ignorance – c'est-à-dire dans l'incertitude de savoir si à l'avenir ils participeront à la société en tant qu'humains ou en tant qu'animaux – et s'accorder sur des principes de justice. Quatre options se présenteraient à eux :

Premièrement, une « société cannibale » dans laquelle chacun est libre de tuer et de manger d'autres humains et animaux.

Deuxièmement, une « société carnivore » dans laquelle les animaux, mais pas les humains, peuvent être tués et mangés.

Troisièmement, une « société végétarienne » dans laquelle on ne mange ni humains ni animaux, mais où l'intégrité physique et la liberté des animaux sont considérablement restreintes, avec par exemple une vie en étable pour la production de produits laitiers.

Quatrièmement, une « société végane » dans laquelle le droit à la vie et à la liberté est assuré de la même façon pour les humains et les animaux.

On peut supposer que la majorité opterait vraisemblablement pour le principe de justice de la société végane afin, selon la règle du maximin, d'exclure le risque d'être mangé, enfermé ou trait. Il existe assurément bien d'autres exemples et possibilités d'appliquer la notion rawlsienne pour sortir des chemins de pensée habituels et introduire de nouveaux principes de justice dans le débat public :

Il faudrait considérer une théorie de la justice comme un cadre qui nous guide afin de préciser nos sensibilités morales […].[75]

Le legs de Rawls : L'éternelle exigence de justice

Si Rawls a reçu beaucoup de reconnaissance pour sa théorie de la justice, il a aussi déclenché une avalanche de réactions critiques. Les utilitaristes lui reprochent jusqu'à ce jour de placer, en vertu de la règle du maximin, le bénéfice des moins favorisés au-dessus du bien commun ; les socialistes et les communistes considèrent son principe de différence, qui autorise des revenus et richesses différents, comme une trahison de l'égalité fondamentale entre les humains ; les tenants de l'économie libérale, à l'inverse, voient dans le « principe d'égalité » rawlsien un égalitarisme injustifié. Sa théorie de la justice est donc critiquée aussi bien par le camp conservateur-libéral que par le camp socialiste.

On peut effectivement avoir un avis différent sur la théorie de Rawls. Mais une chose est sûre : à la différence de Platon et de beaucoup d'autres, il a non seulement formulé la vision d'une société juste, mais l'a aussi fondée de manière moderne et démocratique.

Selon Rawls, tout être doué de raison ne peut qu'être d'accord avec ses deux principes fondamentaux de la justice dès lors qu'est apportée la démonstration théorique qu'ils ont été établis dans la position originelle, soit dans des conditions absolument équitables et adéquates, et qu'ils peuvent être déduits à partir de cette situation :

> La position originelle est, pourrait-on dire, le statu quo initial adéquat et c'est pourquoi les accords fondamentaux auxquels on parvient dans cette situation initiale sont équitables.[76]

Sur ce point, ses critiques firent l'objection suivante : il se peut très bien que ces deux principes soient déductibles logiquement à partir d'un accord totalement équitable conclu dans la situation initiale. Toutefois, cet accord sous le voile d'ignorance n'a jamais eu lieu dans la réalité et ne pourra jamais avoir lieu.[77] Rawls était tout à fait conscient de ce problème et l'a abordé lui-même :

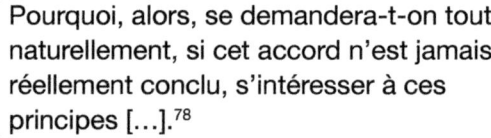

> Pourquoi, alors, se demandera-t-on tout naturellement, si cet accord n'est jamais réellement conclu, s'intéresser à ces principes […].[78]

À quoi nous sert la découverte de Rawls aujourd'hui ?

> Je répondrai que, en fait, nous acceptons les conditions qui sont à la base de la description de la position originelle.[79]

Son argumentation est la suivante : si nous, c'est-à-dire ses lecteurs, acceptons finalement la position originelle et ses conditions de base qu'il a élaborées avec tant de minutie, alors il importe peu que la situation initiale ait effectivement eu lieu ou pas, car nous la légitimons démocratiquement *a posteriori* par notre accord. Ce qui est fou et à la fois astucieux dans la construction rawlsienne, c'est qu'il nous oblige réellement à préciser pour nous-mêmes si nous pouvons être d'accord ou pas avec son projet – et c'est ce qui finalement est au cœur de son raisonnement fondé sur le consensus démocratique. Rawls veut notre accord, mais n'en reste pas moins, selon sa nature, modeste et réservé :

Je ne m'attends pas à ce que la réponse que je vais suggérer satisfasse tout le monde.[80]

On peut donc être d'accord avec les conditions équitables dans la position originelle et les principes fondamentaux de la justice ou bien les récuser. Mais dans les deux cas, Rawls nous oblige à prendre position. Il réclame inlassablement une réponse personnelle à la question de savoir ce qui est juste ou injuste, ce qui est équitable ou pas.

Sa notoriété mondiale tient essentiellement au fait qu'il est finalement devenu, malgré sa nature rationnelle et modeste, l'un des plus grands provocateurs de la théorie politique du XXIe siècle naissant. Il nous enjoint de décider nous-mêmes de ce qui est juste et injuste et de ne plus laisser à l'État, au monde politique et aux juristes le soin de définir la justice.

Avec son « voile d'ignorance », il nous a dotés d'une procédure de décision limpide avec laquelle nous

À quoi nous sert la découverte de Rawls aujourd'hui ?

pouvons, dans toute situation et en tout lieu, vérifier nos conceptions de la justice. S'il est vrai que nous sommes plongés à la naissance dans des contraintes, conventions et systèmes juridiques déterminés, cela ne nous oblige pas pour autant, selon Rawls, à les considérer comme irrévocables et à les accepter purement et simplement :

[…] nous pouvons […] nous interroger sur la nature d'une société parfaitement juste.[81]

Index des citations

1. John Rawls, Le droit des peuples, Éd. La Découverte, Paris 2006. Citation traduite par nos soins.
2. John Rawls, Théorie de la justice, trad. C. Audard, Éd. Points, Paris 2009, p. 29.
3. Théorie de la justice, op. cit., p. 35.
4. Théorie de la justice, op. cit., p 38.
5. Ibid.
6. Théorie de la justice, op. cit., p. 39.
7. Théorie de la justice, op. cit., p. 45.
8. Théorie de la justice, op. cit., p. 180.
9. Théorie de la justice, op. cit., p. 38.
10. Théorie de la justice, op. cit., p. 41.
11. Théorie de la justice, op. cit., p. 44.
12. Théorie de la justice, op. cit., p. 31.
13. Théorie de la justice, op. cit., p. 33.
14. Théorie de la justice, op. cit., p. 117.
15. Théorie de la justice, op. cit., p. 45 sq.
16. Théorie de la justice, op. cit., p. 176.
17. Théorie de la justice, op. cit., p. 175.
18. Théorie de la justice, op. cit., p. 178.
19. Théorie de la justice, op. cit., p. 123.
20. Théorie de la justice, op. cit., p. 122 sq.
21. Théorie de la justice, op. cit., p. 123.
22. Théorie de la justice, op. cit., p. 168 sq.
23. Théorie de la justice, op. cit., p. 169.
24. Théorie de la justice, op. cit., p. 180 sq.
25. Théorie de la justice, op. cit., p. 185.
26. Théorie de la justice, op. cit., p. 186.
27. Théorie de la justice, op. cit., p. 341.
28. Ibid.
29. Théorie de la justice, op. cit., p. 133.
30. Théorie de la justice, op. cit., p. 341.
31. Théorie de la justice, op. cit., p. 92.
32. Ibid.

33   Théorie de la justice, op. cit., p. 341.
34   Théorie de la justice, op. cit., p. 93.
35   Théorie de la justice, op. cit., p. 41.
36   Théorie de la justice, op. cit., p. 109.
37   Théorie de la justice, op. cit., p. 41.
38   Théorie de la justice, op. cit., p. 111.
39   Théorie de la justice, op. cit., p. 112.
40   Théorie de la justice, op. cit., p. 48.
41   Théorie de la justice, op. cit., p. 341.
42   Théorie de la justice, op. cit., p. 38.
43   Théorie de la justice, op. cit., p. 37.
44   Ibid.
45   Théorie de la justice, op. cit., p. 172.
46   Théorie de la justice, op. cit., p. 20.
47   Théorie de la justice, op. cit., p. 93.
48   Théorie de la justice, op. cit., p. 131.
49   Théorie de la justice, op. cit., p. 109.
50   Théorie de la justice, op. cit., p.132.
51   Théorie de la justice, op. cit., p. 131.
52   Théorie de la justice, op. cit., p. 132.
53   Théorie de la justice, op. cit., p. 131.
54   Théorie de la justice, op. cit., p. 131 sq.
55   Théorie de la justice, op. cit., p. 135.
56   Théorie de la justice, op. cit., p. 136.
57   Ibid.
58   Théorie de la justice, op. cit., p. 92.
59   Cf. Marion Weckes, Manager to Worker Pay Ratio 2017 – Le rapport entre la rémunération d'un dirigeant d'entreprise et la rémunération d'un employé dans le DAX30, publié par l'I.M.U., l'Institut pour la codécision et la gestion d'entreprise de la fondation Hans Böckler, Rapport de codécision n° 44, Düsseldorf, 2018 : « Cette étude analyse le Manager to Worker Pay Ratio pour chaque entreprise du Dax30. Elle montre l'étendue du rapport entre la rémunération de l'ensemble du conseil de direction, ainsi qu'isolément pour le CEO et les autres membres de la direction, et celle des employés […] L'écart entre la rémunération des employées et employés et celle des membres de la direction ne cesse de croître. Le fossé continue de se creuser […] Alors que la moyenne du Manager to Worker Pay Ratio était encore de 1 pour

42 en 2005 dans la composition du Dax30 de l'époque, il passait déjà à 1 pour 62 six ans plus tard, en 2011. À nouveau six ans plus tard, en 2017, la rémunération des dirigeants est en moyenne 71 fois plus élevée [...]. » Citation Marion Weckes, Manager to Worker Pay Ratio 2017, op. cit., p. 6. Citation traduite par nos soins.
60 Théorie de la justice, op. cit., p. 110.
61 Théorie de la justice, op. cit., p. 93.
62 Théorie de la justice, op. cit., p. 122.
63 Théorie de la justice, op. cit., p. 41.
64 Théorie de la justice, op. cit., p. 123.
65 Rendu mondialement célèbre par son œuvre majeure, A Theory of Justice, parue en 1971, Rawls rédigea en 1993 un deuxième livre volumineux intitulé Political Liberalism, qui fut cependant nettement moins remarqué. Cet opus poursuit le travail entrepris dans la Theory et met en lumière certains aspects nouveaux, mais tente surtout d'analyser de manière pragmatique la société existante sous l'aspect du pluralisme. Cf. John Rawls, Libéralisme politique, Trad. C. Audard, Presses universitaires de France, Paris 1995.
66 Cf. Norbert Hörster, John Rawls' Kohärenztheorie der Normenbegründung (La théorie de la cohérence de John Rawls dans le fondement des normes), p. 64, dans : Ottfried Höffe (Éditeur), Über John Rawls' Theorie der Gerechtigkeit (À propos de la théorie de la justice de John Rawls), Suhrkamp Verlag, Frankfurt a. Main 1977, pp. 57-76.
67 Cf. John Harsanyi, Can the Maximin Principle Serve as a Basis for Morality? A Critique of John Rawls's Theory, p. 595, dans : The American Political Science Review, Vol. 69, publié par l'American Political Science Association, Cambridge 1975, pp. 594-606. Harsanyi critique le manque d'adéquation de la règle du maximin avec la vie quotidienne en s'appuyant sur l'exemple suivant : si un New-Yorkais se voit proposer deux emplois, un moins bon dans sa ville et un très bon à Chicago qui impliquerait cependant qu'il prenne l'avion pour se rendre à l'entretien d'embauche, il devrait, selon la règle du maximin de Rawls, refuser le meilleur emploi à Chicago pour la simple raison que, dans le pire des cas, l'avion pourrait s'écraser. Cela illustre, selon Harsanyi, l'inadéquation de la règle rawlsienne du maximin avec la vie pratique.
Rawls réfuterait cet exemple comme non pertinent étant donné qu'il se réfère seulement au risque unique, et limité dans le temps, qui est lié au

fait de prendre l'avion. Dans la position originelle, les humains optent en revanche pour des structures dans lesquelles ils passeront l'entièreté de leur vie future.

68 Théorie de la justice, op. cit., p. 169.
69 Le droit des peuples, op. cit.
70 Le droit des peuples, op. cit.
71 Théorie de la justice, op. cit., p. 170.
72 Théorie de la justice, op. cit., p. 45.
73 Ibid.
74 Théorie de la justice, op. cit., p. 180.
75 Théorie de la justice, op. cit., p. 77.
76 Théorie de la justice, op. cit., p. 38.
77 Cf. Michael Walzer, Kritik und Gemeinsinn. Drei Wege der Gesellschaftskritik (Critique et sens commun. Trois voies de la critique sociale), Rotbuch Verlag, Berlin 1990, p. 22 sqq.

Walzer critique l'ensemble du projet rawlsien comme pur constructivisme en s'appuyant sur la parodie suivante : des gens venus de différents pays se retrouvent dans un lieu neutre et ahistorique, par exemple sur la Lune, et se mettent d'accord sur un principe de justice. Ce faisant, ils communiquent en espéranto car ils ont oublié leur langue et leurs pays d'origine sous un voile. Pourquoi donc, demande Walzer de manière critique, s'en tiendraient-ils aux accords conclus sur la Lune une fois qu'ils retournent dans leurs pays ?

Rawls pourrait cependant répondre pour sa défense : « Parce que ce qui a été conclu sur la Lune est juste et équitable. »

78 Théorie de la justice, op. cit., p. 48.
79 Ibid.
80 Théorie de la justice, op. cit., p. 42.
81 Théorie de la justice, op. cit., p. 34 sq.

Walther Ziegler
Adorno en 60 minutes

Walther Ziegler
Arendt en 60 minutes

Walther Ziegler
Buddha en 60 minutes

Walther Ziegler
Camus en 60 minutes

Walther Ziegler
Confucius en 60 minutes

Walther Ziegler
Descartes en 60 minutes

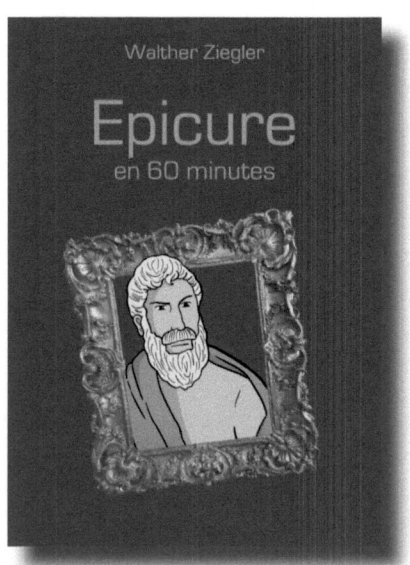

Walther Ziegler
Epicure en 60 minutes

Walther Ziegler
Foucault en 60 minutes

Walther Ziegler
Freud en 60 minutes

Walther Ziegler
Habermas en 60 minutes

Walther Ziegler
Hegel en 60 minutes

Walther Ziegler
Heidegger en 60 minutes

Walther Ziegler
Hobbes en 60 minutes

Walther Ziegler
Kafka en 60 minutes

Walther Ziegler
Kant en 60 minutes

Walther Ziegler
Marx en 60 minutes

Walther Ziegler
Nietzsche en 60 minutes

Walther Ziegler
Platon en 60 minutes

Walther Ziegler
Popper en 60 minutes

Walther Ziegler
Rawls en 60 minutes

Walther Ziegler
Rousseau en 60 minutes

Walther Ziegler
Sartre en 60 minutes

Walther Ziegler
Schopenhauer en 60 minutes

Walther Ziegler
Smith en 60 minutes

Walther Ziegler
Wittgenstein en 60 minutes

AUTEUR:

Walther Ziegler est professeur d'université et docteur en philosophie. En tant que correspondant à l'étranger, reporter et directeur de l'information de la chaîne de télévision allemande ProSieben, il a produit des films sur tous les continents. Ses reportages ont été récompensés par plusieurs prix. En 2007, il a pris la direction de la « Medienakademie » à Munich, une Université des Sciences Appliquées et y forme depuis des cinéastes et des journalistes. Il est l'auteur de nombreux ouvrages philosophiques, qui ont été publiés en plusieurs langues dans le monde entier. En sa qualité de journaliste de longue date, il parvient à résumer la pensée complexe des grands philosophes de manière passionnante et accessible à tous.